Inhalt

Kohlendioxid-Abscheidung und Speicherung (CCS) - Gibt es bald saubere Kohlekraftwerke?

Kernthesen

Beitrag

Fallbeispiele

Weiterführende Literatur

Impressum

Kohlendioxid-Abscheidung und Speicherung (CCS) - Gibt es bald saubere Kohlekraftwerke?

I.Zeilhofer-Ficker

Kernthesen

- Kohlekraftwerke tragen durch ihren hohen CO_2-Ausstoß in hohem Maße zum Klimawandel bei.
- In der Abscheidung und Speicherung von Kohlendioxid unter der Erde sehen Energieerzeuger und Wissenschaftler die einzige Möglichkeit, die Kohleverstromung umweltverträglich zu gestalten.

- Von der EU und den Bundesbehörden werden Pilot- und Demonstrationsanlagen gefördert, um die Technologie voranzutreiben.
- Ein verlässlicher rechtlicher Rahmen wird von dem CCS-Gesetz erwartet, das noch in 2009 verabschiedet werden soll.

Beitrag

In der Luft heizt CO2 das Weltklima auf, in den Meeren vernichtet zuviel davon die Lebensräume von Korallen und anderen Lebewesen. Deshalb soll ein Großteil des überschüssigen Kohlendioxids künftig unter die Erde verbannt werden. Ob und wie lange es dort aber bleiben wird, weiß momentan noch niemand.

Die CO2-Problematik

Kohlendioxid in der Atmosphäre ist der Hauptverursacher des Klimawandels. Damit die Erderwärmung einigermaßen erträglich gehalten werden kann, darf die CO2-Konzentration in der Luft nicht weiter ansteigen, ja muss sogar signifikant reduziert werden. Rund 30 Prozent des globalen CO2-Ausstoßes werden von Kraftwerken, die fossile

Brennstoffe nutzen, verursacht. Als besonders dreckig gelten Kohlekraftwerke. (1)

45 Prozent des bundesdeutschen Stroms werden durch die Verbrennung von Braun- und Steinkohle erzeugt. Damit sind die Kohlekraftwerke mit die größten CO_2-Emittenten in Deutschland. Da die Kohleverstromung an sich sehr günstig durchzuführen ist, zudem die Kohlevorkommen der Welt noch mindestens 500 Jahre ausreichen werden, sind Industrie und Politiker gleichermaßen daran interessiert, einen Weg zu finden, den CO_2-Ausstoß der Kohlekraftwerke wesentlich zu vermindern. (1)

Als Lösung für das Dilemma wird die Abscheidung von CO_2 und dessen Verbringung in unterirdische Lagerstätten angesehen. Dieses Verfahren wir im allgemeinen mit CCS (CO_2 Capture and Storage) also Kohlendioxid-Abscheidung und Speicherung bezeichnet. Oft wird in diesem Zusammenhang auch der Ausdruck Clean Coal, also saubere Kohle verwendet. (1)

CCS Lösungswege

Für die Abscheidung von CO_2 während der Stromerzeugung werden zurzeit verschiedene

Verfahren erforscht und getestet. In Brandenburg läuft die weltweit erste Pilotanlage, in der Kohlendioxid durch das Verbrennen der Kohle mit reinem Sauerstoff abgetrennt wird. Im Laborbetrieb ist den Mitarbeitern des Bayreuther Lehrstuhls für Hydrologie gelungen, CO2 mit alkalischen Reststoffen zu binden. (1), (2), (3), (6)

Als Speicherorte für das Kohlendioxid eignen sich drei Gesteinsformationen besonders. Als erstes kommen ausgebeutete Erdöl- und Erdgaslagerstätten in Frage, die mit Kohlendioxid wieder aufgefüllt werden könnten. Da diese Lager über Jahrmillionen hinweg dicht waren, geht man davon aus, dass dort auch das Kohlendioxid sicher verwahrt werden kann. Zudem könnte durch die Injektion von CO2 die Förderung von Restmengen an Öl oder Gas unterstützt werden. Für dieses Verfahren gibt es beispielsweise in Weyburn/Kanada eine Pilotanlage. (1)

Ebenfalls geeignet scheinen salzwasserführende Aquifere, da man davon ausgeht, dass sich das CO2 dort langfristig mit anderen Stoffen zu festen Mineralien verbindet (z. B. Kalzit). Als dritte Möglichkeit bieten sich nicht abbaubare Kohleflöze an, die gasförmige Stoffe gut binden können. (1)

In Ketzin/Brandenburg injiziert man CO2 unter der

Leitung des Deutschen GeoForschungsZentrums (GFZ) in ein 650 Meter tiefes salines Aquifer, um zu untersuchen, wie sich das eingebrachte Kohlendioxid mit dem Untergrund verhält. In der Altmark (Sachsen-Anhalt) wird ein ähnliches Projekt in einem ausgedienten Erdgaslager durchgeführt. (1), (4), (5), (7)

Insgesamt sind in Europa zwölf Versuchsanlagen geplant, die hoch subventioniert werden. Die EU stellt dafür eine Fördertopf mit 300 Millionen CO2-Zertifikaten bereit, der Bund stellt bis 2011 50 Millionen Euro zur Verfügung. Doch die Stromproduzenten wollen weit mehr sechseinhalb Milliarden Euro soll der Bund für den Aufbau der CCS-Infrastruktur aufbringen so die kürzliche Forderung des Vorstandschefs der RWE. (8), (9)

Die Rechtslage und sonstige Probleme

Die unterirdische Lagerung von Kohlendioxid ist nicht ohne Risiken. Würden große Mengen an CO2 in Bodennähe austreten, so könnte das unsichtbare und geruchlose Gas Tiere und Menschen ersticken. Zudem wäre für die Umwelt nichts gewonnen, wenn die Lagerstätten schon nach kurzer Zeit undicht würden und das Gas wieder an die Luft abgäben. Um Genehmigungs- und Haftungsfragen zu regeln, hat die Bundesregierung Ende März 2009 einen Gesetzesentwurf beschlossen. Wird der Entwurf von Bundestag und Bundesrat angenommen, so gibt es zumindest für die momentan drei geplanten Modellanlagen künftig Rechtssicherheit. (10), (11), (13)

Das Gesetz sieht vor, dass sich die Anforderungen des Planfeststellungsverfahrens nach den aktuellen Stand der Wissenschaft und Technik richten sollen. Damit will man gewährleisten, dass jeweils aktuelle Erkenntnisse bei Neubauten berücksichtigt werden. Bezüglich der Haftungsfrage einigte man sich darauf, dass der Betreiber einer Lagerstätte für Schadensfälle im Laufe der Betriebszeit und noch 30 Jahre danach haftet. Eine entsprechende Schadensversicherung muss nachgewiesen werden. Anschließend geht die Schadenshaftung auf das jeweilige Bundesland über. (10), (11)

Dieser Vorschlag soll allerdings keine abschließende Gesetzgebung sein. Im Jahr 2015 will die Bundesregierung die Erfahrungen mit den Anlagen auswerten und das Gesetz, sofern notwendig, anpassen. Zu regeln ist außerdem die Höhe der Speicherabgabe, d. h. die Gebühr, die die Bundesländer für die Nutzung ihrer Speicherstätten berechnen können. (10), (11), (12)

Schwierig zu realisieren dürften sich die Pläne für CO2-Transportpipelines erweisen. Schon jetzt häufen sich Bürgerproteste gegen geplante Lagerstätten und Pipelines. Und vor dem Pipelinebau müssen entsprechende Grundstücke entweder erworben oder zumindest eine Nutzungserlaubnis von den Eigentümern eingeholt werden. Dazu kommen entsprechende Raumordnungsverfahren und Umweltverträglichkeitsprüfungen. Die Genehmigungsverfahren dürften sich also noch hinziehen. (13)

Ungeklärt ist ebenso, ob die Eigentümer von Grundstücken über den Lagerstätten von CO2 die Einlagerung verhindern können. Theoretisch erstreckt sich das Recht auf den unter einem Grundstück liegenden Erdkörper auf den Grundstückseigentümer. Der müsste also eigentlich auch für die Lagerung von CO2 weit unter seinem Grund und Boden die Nutzungserlaubnis erteilen. (13)

Fallbeispiele

Energielieferant Vattenfall will eine Milliarde Euro in die CCS-Technologie investieren. Schon in diesem Jahr will der Konzern damit beginnen, mögliche Lagerstätten in Neutrebbin und Beeskow (beide Brandenburg) zu erkunden. Ein Demonstrationskraftwerk ist in Jänschwalde geplant. Von dort soll das Kohlendioxid über eine 150 Kilometer lange Pipeline zu den Lagerstätten in Neutrebbin bzw. Beeskow transportiert werden. Vattenfall betreibt auch seit Ende 2008 die Pilotanlage zur CO2-Abscheidung in der Lausitz. (2), (6), (14)

Die RWE plant bis zum Jahr 2014 ein 450-MW-Kraftwerk in der Nähe von Köln, das mit CCS-Technologie ausgestattet wird. Von dort soll das CO2 per Pipeline nach Schleswig-Holstein verbracht werden, wo momentan potenzielle Speicherstätten untersucht werden. (6), (15)

Als zentrale Schaltzentrale für die Kohlendioxidspeicherung soll künftig die Bundesanstalt für Geowissenschaften und Rohstoffe (BGR) in Hannover fungieren. (15)

Weiterführende Literatur

(1) Die geologische Speicherung von CO2 in

Deutschland – Aktuelle Forschung im internationalen Kontext CO2 Storage in Germany – Research in an International Context
aus Erdöl Erdgas Kohle, Heft 4/2009, S. 151-156

(2) Untersuchung beantragt Vattenfall will CO2-Speicher erkunden
aus HANDELSBLATT online 19.03.2009 17:08:51

(3) CO2-Speicherung durch Reaktion mit alkalischen Reststoffen
aus Erdöl Erdgas Kohle, Heft 12/2008, S. 499

(4) Kixmüller, Jan, „Alles kann man nicht haben", Potsdamer Neuste Nachrichten Nr. 83, 08.04.2009, S. 35
aus Erdöl Erdgas Kohle, Heft 12/2008, S. 499

(5) Pilotprojekt zur CO2-Speicherung in der Altmark
aus Erdöl Erdgas Kohle, Heft 2/2009, S. 59

(6) CO2-Speicherung ist die große Hoffnung der Versorger
aus Börsen-Zeitung, 28.03.2009, Nummer 61, Seite 8

(7) Das Rätsel der vierten Dimension
aus Süddeutsche Zeitung, 25.03.2009, Ausgabe Deutschland, S. 3

(8) Seidler, Christoph, Energieriesen rufen nach dem Staat, Spiegel Online, 25.01.2009
aus Süddeutsche Zeitung, 25.03.2009, Ausgabe Deutschland, S. 3

(9) Endlager für den Klimakiller
aus Stuttgarter Zeitung, 02.04.2009, S. 2

(10) Kohlendioxid soll in unterirdische Lager
aus Frankfurter Allgemeine Zeitung, 02.04.2009, Nr. 78, S. 9

(11) Kraftwerke Gesetz zur CO2-Speicherung erfreut Versorger
aus HANDELSBLATT online 01.04.2009 12:35:54

(12) Umwelt Länder wollen bei CO2-Speicherung absahnen
aus HANDELSBLATT online 13.05.2009 18:09:22

(13) Dient CCS der Versorgungssicherheit?
aus www.powernews.org Meldung vom 14.05.2009 - 14:14

(14) Fröhlich, Alexander, Oderbruch in Aufruhr / Vattenfall will zwei unterirdische CO2-Speicher erkunden - die betroffenen Bürger sind wenig begeistert, Potsdamer Neuste Nachrichten Nr. 93, 22.04.2009, S. 14
aus www.powernews.org Meldung vom 14.05.2009 - 14:14

(15) Hannover wird Schaltstelle für CO2-Speicherung
aus www.powernews.org Meldung vom 05.12.2008 - 13:27

Impressum

Kohlendioxid-Abscheidung und Speicherung (CCS) - Gibt es bald saubere Kohlekraftwerke?

Bibliografische Information der deutschen Nationalbibliothek

Die Deutsche Nationalbibliothek verzeichnet diese Publikation in der deutschen Nationalbibliografie; detaillierte bibliografische Daten sind im Internet über http://dnb.d-nb.de abrufbar.

ISBN: 978-3-7379-1500-7

© 2015 GBI-Genios Deutsche Wirtschaftsdatenbank GmbH, Freischützstraße 96, 81927 München, www.genios.de

Alle Rechte vorbehalten. Dieses Werk ist einschließlich aller seiner Teile – z.B. Texte, Tabellen und Grafiken - urheberrechtlich geschützt. Jede Verwertung außerhalb der Grenzen des Urheberrechtsgesetzes bedarf der vorherigen Zustimmung des Verlags. Dies gilt insbesondere auch für auszugsweise Nachdrucke, fotomechanische

Vervielfältigungen (Fotokopie/Mikroskopie), Übersetzungen, Auswertungen durch Datenbanken oder ähnliche Einrichtungen und die Einspeicherung und Verarbeitung in elektronischen Systemen.